En subbas tankar

En subbas tankar

Birgitta Holmberg

@2020 Birgitta Holmberg
Förlag BoD – Books on Demand, - Stockholm, Sverige
Tryck BoD – Books on Demand – Nordstedt, Tyskland

ISBN: 978-91-7969-914-7

1.

Ja, visst är jag en häxa,
men vad hjälper det dig
att jag inser det.
Du kan ju inte
stena mig på torget.
Du kan inte
bränna mig på bål.
Du får ta en konjak
och inse det obehagliga i
att även häxor
har en själ
Under tiden skall jag
smida planer
och vässa mina klor
i kampen om att överleva

2.

Så har Sverige en feministisk regering fått.
Nu skall vi analysera, se hur det har gått.
Håll dig hemma om kvällarna om du är tjej.
Gå ej ut för du kan inte skydda dej

Din kropp är allas egendom, du är kvinna.
Du kan aldrig i domstolarna vinna.
för de övergrepp som killar mot dig gör.
De kanske är du som våldtäktsmannen förför.

Tänk på hur du klär dig, inte sexigt eller kort.
Ta dina barn från badhusen omedelbart bort.
Gå ej mera på någon ungdomsfestival
nej, lås dig inne, du har nog inget val

Det känns väldigt tråkigt och jävligt trist
Inte förstod jag att det var så här att va
feminist
Men jag är ju gammal och gaggig och grå

och kan nog ingenting fatta eller förstå.

3.

Är det sant eller falskt det frågar jag dig,
att du kunde få allt utav livet och av mig.
Du kunde få kärlek men allra värst ändå
är dina lögner, som jag aldrig kan förstå

Dina slag gjorde ont och din sanning va
att medvetet allt av mina värderingar ta.
Med falskhet du grävde din egen grav
i allt det vidriga du genom åren mig gav.

Nu sitter jag här i sanningens namn
tro mig, jag har rott min skuta i land.
Du irrade länge och stötte på grund.
Du var ett monster, långt ifrån sund.

Men snart hade falskhetens korthus rasa.
I rättssalen satt du ynkligt och skaka.
Du anade säkert hur allt skulle gå,
men din falskhet blev sanning även då.

Att leva med en lögnare, full av vidrigt hat
går inget vidare om lögnaren är psykopat.
Han får en törn av live och allt är andras fel.
För falskheten är sanning i hans fula spel.

4.

Tanten börjar bli gammal har jag förstått.
Nu skall jag berätta hur illa det gått.
Igår då jag skulle till kontoret mig ta
trodde jag att allt gått riktig bra.

Bussresan var ok och humöret var toppen.
På gatan kändes konstigt med kroppen.
Balansen var usel, kroppen var fel.
Jag kände mig helt ur balans och stel.

Stannade upp, andades djupt och fick panik
Nej, tanten är på inget sätt sig riktigt lik.
Tittade i gatan ner och fick syn på mina skor.
Nej fy, i denna kropp en gammal kärring bor.

Att bli så vimsig så men inte kan förstå
att med olika skor, är svårt att gå.
Jag smög in i affären och leta nya skor
Dagen var räddad, glädjen min stor.

5.

Sommarsol, havet liggen blankt och stilla.
Att ha en roddbåt nu vore inte illa.
Jag skulle sitta där på fjärden still och meta,
eller ro ut till någon ö och snäckor leta.

Någon motor behövs ej på min lilla båt.
Jag är ju inte rädd för att bli lite våt.
Skulle säker Näcken träffa på,
vete katten hur det skulle gå.

Han kanske säger glatt och hurtigt hej,
eller lura med en onder blick på mig.
Skulle fråga honom om han kunde spela
en liten trudilutt på sin gamla fela.

Ljuv musik skulle över havt strömma.
Alla skulle sina bekymmer glömma.
Solen går upp och dagen gryr,
nu återgår jag till sina bestyr

6.

Sommarkväll, blåbärsrens och kiv
finns nog i en gammal gummas liv.
Där sitter grannarna, vad har dom på sitt fat,
är det sill eller någon läcker sommarmat

Nej, nu får jag inte vara negativ och sur.
Såna gamla gummor hör hemma i en bur.
Kanske skall jag le mot dom och vara snäll,
det är ju faktiskt sommar och en ljuvlig kväll.

Han klagar på min rökning, tycker han är kall.
Jag tror jag tänder en, nu i alla fulla fall.
Kan väl skylla på att myggorna hålls borta
om dom på något sätt känner sig till korta

Då ler dom glatt mot mig, är det sant.
De kanske tycker att jag är en gullig tant.
"Kom över hit till oss är du snäll."
Så slutar denna ljuva sommarkväll

7.

Om jag fick önska nåt riktigt fint,
då skulle jag vilja ha dig.
Kunde man fiska män med nät,
då rodde jag ut på din vik.

Vi skulle bygga sandslott och leka tafatt
och springa på blomsteräng.
Vi skulle dansa var sommarnatt
nakna till solen går upp.

Näten hänger på bodens vägg.
Isen ligger blank på din vik.
Blommorna vissnat på sommaräng
och sanden har vågen spolat bort.

Snart kommer åter en sommar för den
som orkar drömma sig bort.
Men åren går och livet är kort
liksom stunden för drömmaren.

8.

Nu faller skymningen och dagen nått sitt slut.
Säg vad ha du av dagen din fått ut.
Kanske mötte du en annan människas blick,
eller svaret på ett leende du fick.

Jag såg ett barn i ögonen och tänkte så:
Vad månne denna pilt av livet kan förstå?
Han vet nog ingenting av livets mörka sida,
av övergreppens tunga konsekvenser lida.

Visst har ungarna det jättebra i detta land
tänkte jag, och grabben tog sin mammas hand.
Jag log, och kände värmen i stunden då.
Vände om och fortsatte min egen bana gå.

9.

Det kokar i mig, vad har vi för jäkla lag,
skall barn ha det såhär varenda dag.
Vi talar om världens barn men glömmer
att i vårt land det mycket ont sig gömmer.

Han är inte många år och vill så gärna vara
en helt vanlig skolgrabb med kompisar bara.
Men först satt övergreppen för honom stopp.
Han bad ej att lida för nån vidrig snopp

Hans dagisvistelse blev stoppad, nåt hände.
Gud vet vad, livet snabbt och tragiskt vände.
Han ville inte leka, busa och vara glad som vi.
Han ville bara skrika, gråta och slå sig fri.

Han får ingen hjälp det finns inte resurser till
hjälp i skolan, fast han inget hellre vill
än vara som alla lyckliga ungar små.
Hur skall det sluta, säg hur skall det gå.

Han försöker berätta, men ingen tror
att allt detta skit på övergrepp beror.
Han har rätt till sitt liv, rätt till sin kropp.
Vi måste på eländet omedelbart få stopp.

10.

När jag var liten torkade jag min stuss
med tidningspapper rivna till en tuss.

Vårt utedass var rött och dörren vit.
Gissa om det på dassen lukta skit.

Pappret som vi använde var ganska grått,
en blandning av senaste nyheter vi fått.
.

Det var då, för länge sen, och nu är nu
men jag anser nog fortfarande kära du

att det är bästa sättet att få
valuta för våra tidningar på

Regnet öser ner, allt är grått och blött.
Känner mig frusen och så jäva trött.
Kan du värma mig lite nu min kära,
Sätt dig ner och var mig riktigt nära.

Visst är det konstigt att längta så
efter värme, snälla sätt elementet på.
Sen kan vi leka kull eller hoppa rep.
För att få värmen upp finns en del knep.

Kanske boka härlig flygtur till Karibien
tur och retur, så vi kommer hem igen.
Men det får nog bli till nästa vår,
då Sverige åter härlig värme får.

Om resorna är slut eller pengarna tryter,
tror jag att jag genast lägenheten byter,
till en liten stuga, med en öppen spis.
Det känns varmare på något konstigt vis

Fast nu för tillfället känns kylan otäckt stor.
Så första hjälpen får bli något som du inte tror.
Ett glas whisky, det värsta av allt skit,
för jag är nykterist och nyttjar inte sprit.

12.

Mina ben är bra att ha
då jag mig till jobbet skall ta.
Men varje steg, då jag skall gå
smärtar till-rumpan är blå.

Jag stapplar fram på darrande ben.
Blev nog i morse en aning sen,
men jag kom fram till slut.
Men trots allt är situationen tung,
för en tant som ej är ung.
Det är nog svårt att halta på
för en liten gumma på sjuttiotvå.

13.

Låt barn vara barn, låt dom skratta och leka.
Springa barfota i gräset och smultron käka.
Samla snäckor och stenar vi sommarstranden.
Bygga slott och kakor i den fuktiga sanden.

Låt dom för stunden glömma sin offerroll
och höra sagor om gulliga tomtar och troll.
Låt dom skratta och känna sig starka som få
och långa promenader i sommarskog gå.

Låt dom glömma föräldrars bråk och kiv.
Dom nu sätter grunden för ett mänskligt liv.
Barn vill känna att de duger som dom är.
Konflikter bara på självkänslan tär.

Det finns så mycket att lära sig och se.
Så mycket vi till våra ungar kan ge.
Ta vara på tiden, en barndom går så fort
De minns all roliga saker ni gjort.

Kärleken är en kär lek
med komplimanger, kyssar och smek
Kärlek kan vara svår och smärta
och sätta sår i ett människohjärta

Kärlek är det vi gör den till
ljuv och härlig om man vill.
Den kan slå och vara hård också
Kärlek är nå´t vi alla tjänar få

Störst av allt är moderskärleken ändå.
Den sviker ej, sårar ej och kan allt förstå.
Den är som solen varm och ljus
även fast det regnar småspik utomhus.

15.

Jag är stark, inget rör mig ett enda skit,
fast det prats och värderas hit och dit.
Jag är stark har lärt mig utav livets spel,
att det är lätt att skrika om andras fel

En förövarteknik är att få alla att se
att de är gudomligt då nåt går på sne.
Andra har svårt att förstå en psykopat
som sprider dynga och massor hat.

Jag vill ej vända kappan efter vinden.
Jag gråter tyst och vänder andra kinden.
Men ibland kokar det över i mitt hjärta
och jag har svårt att dölja själens smärta.

I dag skäms jag för att jag ej höll ihop
och grävde ner mig i sorgens djupa grop.
I morgon skall jag åter le och skratta,
hoppas att ni snart kan helheten fatta

16.

Jag såg henne i går.
Hon kom gående emot mig.
Leende mötte hon min blick.

Såg sorgen i hennes ögon,
smärtan i hennes kropp.
Jag viskade hennes namn,
men hon svarade inte.
Hon fortsatte sin bana framåt
utan att ana sin morgondag.

Vem är hon och vart är hon på väg?
Hon är skuggan av mitt förflutna.

Hur gick det till, hur kunde det gå
att ett plus ett är lika med två.
Att efter vinter alltid kommer vår,
för så lär väl ske även detta år.

Vem har bestämt att tårar skall trilla
om man sörjer eller har gjort sig illa.
Hur gick det till att läpparna ler
då en människa sin älskade ser.

Vem har bestämt att natten är svart
och spöklika ögon syns överallt.
Att barnet doftar som en nyponros,
och hunden, men inte jag, har nos.

Hur gick det till att du blev just du
och att ett krossat hjärta kan gå itu.
Att i dag är i dag, och ej igår.
Mystik, vi på detta fundera får.

18.

Ser siluetterna av dörren.
Mörkret skrämmer mig.
Ser inte telefonen.
Fumlar i svarthet.
Där.
Hittar den.
Tänder lampan.
Ljust sticker i ögonen
Tittar på nummerpresentatören.
Ser tomhet.
Bilder.
Tomma bilder.

Tack och lov ett stängt fönster.

När hon blir förtio
skall jag byta ut henne
mot två tjugoåringar,
sa du glatt och
lyfte glaset.
Alla skrattade.
Även jag,
Den evigt utbytbara

När jag blev förtio
lämnade jag dig.
Ingen skrattade
Och höjde glasen.
Du vred dig av smärta.
Jag, den utbytbara mot
en ruggigt ful rullator.

Brunbrända kroppar, sol och vin.
Sommaridyllen är fullkomligt fin.
Alla dricker varandra till.
Semester är härligt, säg vad ni vill.

Plötsligt bryts förtrollningen – vad där?
Himmelsk fröjd, en mink det är.
Nu växer hatet, en lust att vara
den mäktigaste i skaparens skara.

Med stenar i handen och stora kliv
har man beslutat att ta den lillas liv.
Han simmar och dyker för han vet,
det är sättet att undkomma en atlet.

"Minken har inget berättigande för
den så mycket i vår natur förstör".
-Ja den dödar kallblodigt för sin mat
men, tror inte den lilla kan känna hat.

Nästa attack man i trupp planerar.
Hela ön på ohyra vi nog sanerar.
Fällan är gillrad, så segern blir vår.
Dagen sakta mot sommarnatt går.

Barn gör inte som vi säger, men som vi gör.
Vi är deras kartläsare i allt de ser och hör.
De har sina förebilder och lär av det dom ser,
vi alla vuxna människor till barn signaler ger

Vi mobbar vilt och pratar oändligt mycket skit.
Vi värderar varandra och snackar hit och dit.
Mobbningen på nätet är fruktansvärt stor,
I varje liten människa en mobbare nog bor.

Det är ju inte konstigt, våra politiker är bra
på att kränka andra och ej diskussioner ta
om vad de står för och vilken respekt de ger
till de som ej tycker lika i deras maktspel

Föreningen "Friends" borde i riksdagen lära
respekt och tolerans till våra politiker så kära
Ingen kan kräva att våra barn och unga ska
mot alla hyfsat och respektfullt beteende ha.

Debatten är skrämmande för de små
som inte vet i vilken sandlåda de skall våga gå.
Respekt för andra, det mottot borde alla klara
så vi kan förebilder för alla små barn vara.

22.

Barn är som en sommarvind.
Smeker varje frusen kind.
Barn är livet när det är som bäst.
Dom är sockerdricka, smultronfest.

Barn är som ett stormigt hav.
Finns inom oss utan krav.
Barn är en kärleksviskning i ett öra.
En ljuv musik vi alla önskar höra.

Barn bits och ställer till med kiv,
men de är villkor för ett mänskligt liv.
Barn är nåt vi måste vårda väl.
Allting kan dom minnas och gömma i sin själ

Din lilla hand i min, och livet ler.
Säg vad kan jag i livet önska mer.
Jag frågar stilla: vem är min skatt,
hon svarar med ett lyckligt skratt.

Hon tar mig med till lekens land.
Hon är mamma, prinsessa ibland.
Jag får roller som bov och polis,
eller koka mat på hennes lilla spis.

Hon påminner mig om livets gång.
Hon är liten men mormor lång.
Men mormor är gammal, hon är skral
att sköta vår Tv och byta kanal.

Hon lär mig allt om dator och teknik
och har en helt underbar mimik
då hon klappar min kind och säger såhär:
Mormor så himla lös du är.

24.

Hennes bara fötter i gräset
på min barndoms ö.
Hon trampar och går vilse
i sina egna tankar.
Rak i ryggen som ett skepp
som sakta förliser.
Hennes långa hår omsluter
magiskt hennes nakna skuldra.

Träffar du henne ta risken
och avslöja hennes mörka hemlighet.
Fråga henne vem hon är
och vart hon är på väg.
Vinden skall ge dig svar.
Jag är min barndoms monster

25.

Du döljer dig bakom en välknuten turban.
Men din själ är lika sjuk som självaste fan.
Din sjukdom handlar om makt och kontroll.
Du går över lik för att spel din roll.
Du manipulerar och ljuger så mycket du kan
och spelar inför församlingen en ädel man.

Jag såg dock ditt rätta jag den dagen som
du i vredesmod till min bostad kom.
Då brast dina spärrar, du tappa kontrollen
och kunde ej spela den gudomliga rollen.
Du var så låg som en människa kan vara
för att efteråt åter börja ljuga och förklara.

Hon packar ner sina känslor,
Gråten, slagen och de hårda orden.
Stänger resväskan.
Drar försiktigt fast blixtlåset.
Förbi, det är slut.
Gråtande flyr hon.
Till vem.
Till vad.
Tomheten fyller henne.
Hon tar väskan.
och vandrar ensam
ut i natten.
Helvete,
jag borde ha målat
mina läppar.

Han har inget språk,
kan inte skrika.
Han har inget val.
måste dig lyda.
Som en vingskjuten fågel
han springer för livet,
Som ett monster du skriker:
"Spring snabbare, spring din jävel"
Vem är jävel?
Han utan språk
eller du som kan springa.
Inom mig ekar de
ljudlösa ropen på hjälp.

28.

Ringde skoldirektören för jag ville veta
om lämpligt straff är att vägra barnen äta.
Han svarade mig att det var mycket bra,
för då får ju även vi föräldrar i straffet delta

Med kroppsaga vi i skolan inte får köra.
Vi står maktlösa, vad skall vi göra.
En tom mage i en veckas tid gör susen,
som att av våra tonårsgrabbar läsa lusen.

Vad är då kroppsaga, jag frågar mig.
Hur jag än funderar, så förstår jag ej
att inte matförbud i en veckas tid
är att störa både kroppslig och själslig frid.

Socialstyrelsen säger
att du skall vara
nykter och rakad,
snyta näsan i
pappersnäsdukar.
Du skall äta åtta
smörgåsar per dag
och inte kissa i det fria.
Vidare bör du samla ATP
äta grovfibrigt bröd
och sova åtta timmar.
Ringa försäkringskassan,
anmäla dig i bostadskön,
teckna hemförsäkring,
lyfta barnbidrag
skölja tänderna med fluor.
Du skall under inga
omständigheter
ta hänsyn till din nästa
och på inga villkor
avvika från det
allmänna beteendet.

Du skall inte gråta.
Inte se bakåt.
Strama skygglappar
skall fästas vid
dina tinningar
Framåt
mot nya aningar

En dag skall du
tacka stjärnorna
för din morgondag.

Varför skall alltid jag
ta hänsyn till att ni
är tonåringar och har det svårt
och behöver nån som lyssnar och
förstår mitt i matlagningen
eller ställer upp och tröstar
fast jag vill läsa eller skriva.
Varför får ni skrika "jävla kärring"
när jag inte får nämna ett ord
om alla våta handdukar som skall
plockas upp då ni har duschat
eller alla byxor och serietidningar
överallt i vårt hem.

När fan skall ni ta hänsyn till
att jag är en medelålders kvinna
halvhysterisk och snart klimakterisk
som också har ett liv som måste levas.

Står på livets trappa
Gläntar på dörren
Saknar mod
för steget ut.
Till vad????

Tomhet – ensamhet
Behöver kraft och tid.
Vad är tid?
Nåt som inte tvekar
bara går.

Sten
Död
Stendöd
Stendöd strandsten
Hjärta
Krossa
Hjärtkrossare
Hjärtlös hjärtkrossare
Stendöd hjärtkrossare.

34.

Det är inte lätt att leva
med en liten amper man.
Han kan bita hårt och nypa.
Stampa golvet argt och skrika.

Efter så ett par minuter
skiner han som solen själv.
Vill då leka, krama kela
Sådan är han min lilleman.

35.

Jag längtar långt bort över de vilda haven.
Kära våg gunga mig över dina vita kammar.
Gunga mig långt till ditt land utan saknad.
Gunga mig så att min själ kan få tröst.

Jag längtar långt bort förbi de grå skyarna.
Kära vind för mig upp mot himmelen.
Ta mig långt till ditt land utan längtan.
För mig dit där min själ kan få frid.

Jag längtar långt in i de vilda skogarna.
Kära drömmar ta mig över de kala bergen.
Visa mig vägen till ditt land utan besvikelser.
Ta mig dit där mitt sinne kan få ro.

Jag längtar så oändligt mycket efter kärlek.
Älskade, ta mig i din famn, intill ditt bröst.
Visa mig vägen till de älskandes land.
Ge mig kärlek, så min själ kan bli stark.

Jag älskar dina ord,
för du är stum.
Outtalade ord är vackra
i synnerhet om morgonen.
Jag tolkar allt i din blick,
du har inga ögon.
Då kan jag sitta hos dig
länge, länge..
Du existerar inte
Vem är du
Mitt ofödda barns
leende.

När jag blir stor skall jag vara
härskare av livet, och tänka på mig bara.
Jag skall äta tio hamburgare i rad
och sedan rapa högt av välbehag.
Jag skall sno grannens post i smyg
och hitta på en massa rackartyg.

Jag skall dricka sprit och stoja
och med medelålders gubbar skoja.
På Nobelfesten skall jag gå
för att en härlig middag få.
Efter middagen skall jag hålla tal
barfota, och gästerna har inget val.

Dom måste sitta där och höra
vad man får och inte får med barna göra.
Jag skall även gå till stadens torg
med en liten näpen blomsterkorg
och dela ut blommor till varenda mor.
Det är det jag vill göra då jag blir stor.

Hej hopp livet, här är jag.
Blir bara yngre varje dag.
Det splitter i bena jag vill valsa
och gamla gubbar kärleksfullt halsa.

Vill dansa naken en sommarnatt.
Springa till stan och köpa en hatt.
Vill ro ut i en liten eka
en stilla afton och smultron käka.

Sen vill jag trycka pedofiler, tjocka och smala,
I en jättekvarn och skrattande mala
ihop skiten och strö resterna ut
så vi en gång för alla på övergrepp få slut.

Under min säng i en resväska
ligger mitt liv
hopbuntat. Blad för blad
gulnade, skrynkliga,
vidriga papper.
Brott, lögner, påhopp
bedrägerier.
Han sitter inne nu
Han är hopbuntad bespottad.
Han ger sig inte.
Lögnerna runt hans kala hjässa
sinar aldrig.
Hans gelikar dansar långdans
längs hans smutsiga lekamen.

40.

Har du sett henne, hon som levde en dag
liksom trollsländan vid vattnet.

Hon som gick genom hela livet
utan att fötterna vidrörde marken.

Hon som älskade blott en dag
och blev då förgjord av smärta.

Hon som längtade till världens ände
men visste inte var den låg.

Hon som önskade att flytta berg
men inte rubbade ett sandkorn

Om du ser henne komma gående
stör ej hennes tysta bana

Le mot henne varmt och innerligt
och fäst en blomma i hennes långa hår.

Jag är en fågel
i din hand.
Du älskar fåglar
och jag dyrkar dig.
Med dig vill jag flyga
till andra planeter.
Dig jag älska och
utforska min kropps
alla möjligheter.
Du flyger bort.
Jag sitter kvar
ändå är jag fågeln
i din hand.
Älskling,
du borde kanske
klippa naglarna.

42.

Det kanske är vackrast
det som aldrig blir sagt
för ord kan sarga och såra.
Förlåt känns så fel.
Vi ses igen inte rätt.
Jag gör väl bäst att tiga.

För mig finns bara tystnaden kvar
som en svår och molande smärta.
Du har ju en plats i alla fall
en plats i mitt sargade hjärta

43.

Vårsolen lyser, livet vaknar opp.
I rabatterna lyser nån krokusknopp.
Ungarna springer på snabba ben
och lyfter förväntansfullt på varje sten

Folk har tagit av sig sin vinterjacka
och vi får åter på klockorna backa.
Sommartid blev det i natt vill jag lova
Så då kan vi inte så länge få sova

Man vad gör det, vi går mot ljusare tider
Snart har vi sommar bara det lider
Ännu måste ni dock stå ut med er toppluva
För våren är en farlig tid för kärlek och snuva

Sargad låg jag
framför dina fötter.
Kropp och själ
förvridna av gråt.
Antagligen blödde
även du
fastän din mun
log hånfullt.

Tårar sina,
Livet går vidare.

45.

Var min kärlek till dig bara illusioner
Var det något jag byggt upp
av mina egna förväntningar.
Var mina förväntningar för stora.
Hade jag satt dig på en piedestal
högt upp i skyarna.

Kanske du har rätt min vän
att det är min nivå.....

Jag vet att jag borde vara
glad och nöjd och gullig bara.
Gå emot honom till dörren och le.
Kanske hämta hans tofflor me.

Nu är det bara så att jag inte kan
vara som en mor åt en vuxen man.
Middagen är färdig, låt oss nu ett tag
ha det mysigt efter avslutad arbetsdag.

Då tar han barnet i famn och börjar mata
så han slipper att med mig prata.
Du kan sitta där med ryggen mot mig
Vet du, jag tror faktiskt jag skiter i dig

47.

Stilla vädjade hon om frihet
Instängd liksom gråten i hennes bröst.

Burfågel

Gråtande flydde hon.

-En trasig själ skall förfölja dig
resten av dit liv
De tunga åren lämnar
mörka ringar
runt hennes söndergråtna
ögon.

Min själ år
en invandrare
i min kropp.
Jag saknar
helhet
med mig själv.
Jag saknar hopp.
Är dock säker
att jag en
vacker dag
skall finna
vägen till
ett bättre jag.

49.

Mellan mig och evigheten
finns ditt stora hat.
Tag min hand låt isen smälta.
Ditt hat kan aldrig
bryta ner mig.
Sakta kan du
förintas.
Livet är menat
att glädjas och älska,
Hur ont det än gör
är det sanningen
i evighet

Längtan sitter under huden
Stark beröring
Längtan i mitt bröst
Dela livets lust.
I mina händer finns
en längtan att få
smeka besinningslöst.
Min djupaste längtan
långt inne i själen
att få dela min längtan
med någon
i kärlek.

51.

Daggvått gräs
mellan bara tår.
Hödoft och kräftkalas.
Lingonskogens lockrop.
Förväntansfulla barn.
Skolstart.

En sommar gått till ända
Brunbrända barn
Blåbärsfärgade munnar
Färgsprakande höst
Äppelpajning

En liten stor man
så vidrig och ljuv
liksom julafton i maj.
Han rörde min själ
och allt blev så fel
Vad är du för barn
i ett karlaskal?
En ekvation som ej löser sig.
Hur jag än sitter och räknar.
Jag vill ej lämna mitt räknetal
för om ett stämmer in blir
allt annat fel.
Jag måste, jag vill och jag kan.

Ditt liv i
mina händer
lindebarn.
Du har gett
mig styrka.
Mitt hjärta
har du sårat.
Genom dig har jag
vuxit i själen.
Min bröstmjölk
har du fått,
och gett
ditt leende
i gengäld.
Min tid har du
tagit hänsynslöst
samtidigt som du
gav mitt liv
en mening.

Månens ljus
död...stillhet.
Isberg.
Hustrumisshandel.
Alkoholmissbruk.
Ansvarskänsla.
Pubertet.
Livsbejakande
småbarnsmor
mellan rena
lakan.

55.

Du sade, min mor
att ögonen
är själens spegel.
Jag omges ju bara
av sorgsna blickar.
Säg mig, min moder,
vad gjorde jag fel.

Du säger, mitt barn,
att du är lycklig och glad
Jag ser i dina ögon
att din själ gråter.
Säg mig mitt barn,
vad gjorde jag fel

Jag lovade min vän
att leva med dig och älska.
Jag är så ensam
och känner dig inte.
Säg mig min vän
vad gjorde jag fel

56.

Vad vore väl glädjen utan sorgen
om man inte visste hur glädjen splitter.
Vad vore då lyckan utan besvikelsen.
Man anade inte lyckans sötma.

Vad vore ett barn utan modern.
Ett irrande skepp på ett stormigt hav.
Och vad vore en människa utan kärlek.
En bräcklig planta som piskas av vind.

Vad vore då freden utan kriget
om man inte anade krigets hat.
Vad vore sen livet utan döden
en meningslöshet oändligt stor.

57.

Efter min första förlossning vakade jag två
nätter
grubblande över det ansvar jag tagit
Senare har jag fött fem barn
och aldrig vakat efteråt

När mina barns ögon första gången
hatfullt såg på mig grät jag två nätter
Nu möts jag dagligen av kalla blickar
och gråter aldrig mer om nätterna

Första gången min kära sårade mig
blödde kanten av min själ
Nu bär jag stolt mitt huvud
Trots att min själ är sargad och ful.

58.

Om du ser ett gråtande barn
då ser du säkert mig.
Om du hittar en trasig själ
då tillhör den troligtvis mig
Om du hör en stämma kvida
då är den sannolikt min.

Drag dig ej undan, bli inte rädd.
Trösta gärna barnet som gråter
och visa själen vägen hem.
Tysta gärna den kvidande stämman.
Ge mig lite tid och tålamod
och jag lovar att komma igen.

Stora stund,
sommarstund,
solbruna sommarbarn
Samhörighet.
Salta stränder.
Simtursutflykt.
Smultronbål och
strömmingsflundror.
Saltvattenbad,
skördetider.
stundens sällhet
sockerdricka.

60.

Jag tror, pappa, att jag behövde din tröst
då jag ringde upp dig med darrande röst.
Du fråga hur vi mår och om vädret bara.
Jag skall flytta från honom nu, hann jag svara.
Du sade lite ironiskt och kallt,
har det gått så långt, det var allt.
Sen sa du inget mera, bara så
vi talar lite senare - hej då.

Jag satt länge kvar med gråten i mitt bröst
Pappa, senare kan va för sent då en dotter
söker tröst.

Vems barn skall tröstas.
Vems blommor vattnas.
Vems liv skall värnas om.
Vems glädje delas.
Vems sorg begråtas.
Vems viskningar skall
nås av någons öra.
Vems rop på hjälp skall
ensamt eka ut i natten.

Hon skall gå till dagis
det är maskerad.
Pappa klär henne.
Han drar varsamt dräkten
över hennes gyllne lockar.
Min lilla spökflicka
viskar han, och smeker
varsamt hennes kind.
Hon ler mot honom
och behåller heligheten.

63.

Tar ansvar för mig, har inge val.
Min ekonomi och smutsiga tvätt.
En obäddad säng ger samvetskval,
men det löser sig nog på något sätt.

Om jag bara kunde minnas en avsatt tid,
och inte glömma möten titt som tätt,
då skulle min själ få sinnesfrid.
Tala inte om för mig fel eller rätt.

Jag tar ansvar, säg aldrig du
att jag måste skärpa mig på nåt vis.
Ordning och reda har jag ju
och du är nog inte nån jävla polis.

64.

Öken - torka
orka, orka.
Skrik.
Skrik i öknen
på hjälp.

Som man skriker
får man svar.

65.

Vem är det jag i spegeln ser,
hon som sömnigt mot mig ler.
Känner inte henne, det är inte jag.
Får nog vakna till ett litet tag.

Vart försvann hon den tjej
som om morgnarna brukar se på mig
under alla de år jag funnits till.
Det är av hennes bild jag mötas vill.

Jag vill nog åter lägga mig ner
och undra vem jag egentligen ser.
Hur fasen kunde det bli så här.
Kommer jag aldrig mer i livet bli kär

Vem är jag.
Kanske inte samma som igår
då tron på mänskligheten uppfyllde mig.
Kanske inte samma som i fjol
då dagarna var ljusa och nätterna svala.
Kanske inte en som dansade förnöjt
över lekfulla källor om sommarnatten.
Kanske inte den som älskade havet
med höststormens vilda dån mot klipporna.
Kanske inte den som kammade sitt långa hår
de trötta sega morgnarna.

Jag är sorgen över plågade barn.
Jag är skammen över vuxenvärlden.
Jag är resterna av ditt hat.
Jag är morgondagens minne blott.
Jag är moderns suck över de små.
Jag är minnen av en svunnen ungdom.

67.

Du gav mig ditt första leende, mitt barn.
Det första leendet som värmde mig.
Du sträckte dina små armar mot ljuset
och sken av välbehag mot solen och livet.

Minns ditt första stapplande steg, framåt
medan glädjen fyllde ditt lilla väsen.
Du dansade och sjöng, jag stod bredvid
Mitt barn, skall alltid finnas för dig.

Varför blev då dina ögon sorgsna.
Vem släckte livslågan inom dig.
När skall din gråt tystna mitt barn?
Pedofildjävul, brinn i Helvete.

68.

Om jag fick bestämma skulle blått vara rött.
Då skulle ingen sova och ingen vara trött.
Då skulle tårar aldrig trilla.
Ingen skulle göra någon annan illa

Då skulle inte pengarna få styra
och alla kunde gott betala sin hyra.
Alla magar vore mätta varje dag.
Så skulle det vara om den som bestämde var
jag

Jag skulle ro ut på havet i en liten båt
och sjunga och dansa så ofta jag kom åt.
Alla barn skulle få en egen gullig hund
om jag fick bestämma för en liten stund.

69.

Tyvärr tillåts du spela ditt usla spel
i vilket din släkt har jäkla stor del.

Hur många är dom, dina offer säg,
de barn du har lurat till sex med dig.

Hur kan du tro att din Gud accepterar
alla lögner och förtal du så väl formulerar.

Du borde dina barn beskydda och försvara
och en god och kärleksfull förebild vara.

Nu blir jag snart helt desperat.
Vet inte vad jag skall göra snart
för att få stopp på objudna gäster.
Har försökt det mesta med goda gester.

Dagtid är de borta, men på natten det passar.
Då hör jag rassel från främmande tassar.
Jag har försökt som sjutton att prata vett
och hålla god tom och etikett.

Dom lämnar visitkort med ett skratt
som tack för ännu en underbar natt.
Är inte den som vill döda och hata.
Men nu vill jag bara gästerna rata.

Skall jag köpa en fälla, snälla säg.
Eller le för att de trivs så bra med mig.
Möss är ju söta på många sätt
men som sambos kanske inte rätt

Mina barn,
jag såg er moder
sittande på stranden
silade hon
månens strålar
mellan sina fingrar.
För varje handfull
hon silade
träffade en stråle
hennes själ.

Med värdighet
reste hon sig
och försvann
i det nattsvarta
vattnet.

Han kan inte välja rätt eller fel.
Han är en bricka i vuxnas spel.
Sociala grupper tar sig rätten att skriva
hur han är, och hans påstådda verklighet
driva.

Man har offentlig gjort hans skadade snopp
och visar för alla hans nakna kropp.
Hans gråt spelas upp på ett vidrigt sätt.
Han har inte mer till sitt liv någon rätt.

Vad händer väl när den lilla kille
blir vuxen, var det så han ville
sin barndom minnas, ty allt finns kvar
på sociala medier i alla hans dar.

73.

Du är som en gammal öppen bok
din jävla dumma karlaslok
Man borde på ditt beteende få stopp
eller slå knut på din gamla snopp

För att du för övergrepp utsatt andra
finns all orsak att dig hata och klandra.
Du skal ta ditt straff, bättring och bot
så du aldrig mer för barn är ett hot.

Du kan inte ge livet till offren åter
och aldrig att barnen dig förlåter
Det är dags att stänga igen denna bok
för du är och förblir en äcklig karlaslok.

Sakta faller bitterhetens
salta tårar
nedför mina kinder.
Storslagen ångest...
kämpa din strid
Är jag oskyldigt anklagad
eller...
Ställ mig till svars
Mitt straff skall jag ta
med värdighet,
och tiden skall
långsamt plåna ut
min skuld.

75.

Livet det har blivit hårt, ja ganska trist.
Alla är vi rädda nu för nån jäkla terrorist.
Känns kusligt att i tunnelbanan vara.
Vi intalar oss att det är ingen fara.

Långt där inom oss finns oro och skräck.
Hur kan man vara så vidrig och fräck
och släcka oskyldiga människors liv
utan att egentligen ha något motiv.

Gud vi ber för alla offer, stora och små.
Vi kommer aldrig förlåta eller förstå
den ondska som råder, måste få ett stopp
om det för mänskligheten skall finnas hopp.

76.

Lilla barn, du gråter vilt och skräckfyllt.
Du är rädd för krig och atombomber.
Jag kan inte lova sig en värld i fred
men jag kan ta dig i min famn och trösta:
Vi har varandra och jag älskar dig

Tuffa tonåring, du är så oändligt sorgsen
Du är rädd för vuxenvärlden och
arbetslösheten
Jag kan inte lova dig en framtid med trygghet
men jag kan smeka din kind och säga: -
Var stark mitt barn, jag tror på dig

Kära barn, du är så rädd för att
någon av oss skall dö.
Du drömmer mardrömmar och skriker.
Kom och lägg dig tätt intill mig. J
Jag kan ej lova dig evigt liv, men stilla viska: -
Sov gott min lilla, jag är här hos dig.

Om ni bara visste, mina barn, hur rädd jag är.
Rädd för atombomber och förintelse.
Hur orolig för er framtid med arbetslöshet.
Hur rädd för sjukdom och att mista er. –
Så håll om mig, barn, så länge vi har varandra.

77.

Den dag det slutar regna
exploderar mitt inre.
Livet puttrar av välbehag
och älgkon vädrar sin vinterpäls.

Skogens bäckar torkar sina hår i vinden
och säger till varandra:
"Misströsta inte, vår tid kommer"
När kommer min tid,
då jag får spegla mig
i bitarna av mina illusioner?

Då skall jag hysteriskt rada
alla dockskåpsmöblerna i rad.
Vara tillmötesgående,
använda spiral och
tugga huvudvärkstabletter.

Den dag det slutar regna
exploderar mitt inre.

78.

Till alla er som var i Blåkulla i natt
och dansade runt elden med er katt.
Tack för gott sällskap, vad kul det va,
men känner mig dagen efter nu i da.

Min kvast är gammal nu, tror jag bör
skaffa ny till nästa år, om jag nu kör.
Natten var underbar med alla skratt.
Vi spela med varandra många spratt.

När elden slocknat ned och morgon grydde
Fanns ingen mera som sig brydde
om vi kommer hem med livet i behåll.
Men det spelar kanske inte någon roll.

Nu får vi koncentrera oss på haren bara.
Han bör ju även med i firandet få vara.
Så glad påsk alla, hoppas äggen smakar bra,
om dom nu är hönsägg eller av chokla.

79.

Vi fungerar som två ubåtar från var vår makt
och kämpar mot varandra i vår egen takt.
Vi stänger in, vi nät och hinder bygga
Vi gömmer oss och är ej längre trygga.

Är så tacksam för var dag som går
då jag ingen sjunkbomb mot skrovet får.
Är rädd att gå till botten och förlisa
då du i närkamp din styrka vill visa.

Plötsligt är det lugnt i några dar.
Man tror att ingen ubåt mer finns kvar.
Man börjar hoppas på fredsförhandlingen.
Men ack, då kommer åter förvandlingen.

Nu anas åter möjlig ubåt här hos oss.
Hur skall det fortgå, hur länge skall vi slåss
Gör vi våra barn till krigsinvaliders
som ej kan utvecklas till kärleksfulla individer?

Kapitulera eller kvävas det frågan är.
Syret sinar, vill ej gå under här.
Jag måste välja nu, men orkar ej.
Krafterna tryter efter årens ubåtsjakt med dej.

Hoppas våra barn i fredssyfte skall berätta
vilka spår en ubåtsjakt i barnasjälar kan sätta.
Hoppas alla småningom i varje hem och land
mot fred och kärlek kan sträcka ut en hand.

80.

Du tog tag i mig liksom stormen
tar grepp om martallen vid havsstranden.
Jag gav mig hän, och bara älskade.
Inte anade jag då att du var
kärlekens dödgrävare.

Du grävde och grävde medan
jag dansade i glädjeyra.
Spadtagen lämnade fina
jämna kanter efter sig.
Inte ens en pissmyra
snubblade var du gått fram.

Då du grävt genom jordklotet
anade jag avsikten med vår kärlek.
Tog mig samman, täckte ensam gropen
medan du ilade till nästa offer.
Jag sjöng en rocklåt och läste Ferlin
på kärlekens begravning.

Sörjde en timme och gick
beslutsamt vidare.

En kappsäck i min hand
på livets resa.
Färgad spygrå utanpå
och innanför grann röd.
Jag öppnade den blott
då du bedrog mig
Då fick min själ
i kappsäcksbottnen
lust att dansa.
Resultatet blev
akut migrän
och huvudvärkstabletter
Kappsäcken donerade jag
till någon
som behövde den
bättre än jag.

82.

Frågar efter livets mening
Lever tidlöst sökande.
Gömmer mig och trampar tyst
anande morgondagens suck.

Lyssnar, ändå hör jag ingenting.
Hör fast jag är döv,
det jag vill höra.
Läser mellan raderna i livets bok.

Kan fåglar sjunga lika vackert
inspirerade av kärnkraftverk?
Hur kan människor gömma sig
i varandras närhet en och en.

83.

Jag bjuder dig mitt hjärta
vackert upplagt på ett fat
Älska mig...

Tag emot mitt liv min själ
dekorerat med min livserfarenhet
Älska mig...

Håll dig dock på avstånd från min kropp
för den är obehagligt rädd för närhet
Älska mig...

Att åka pendeltåg
är att låsas in
i ett hermetiskt
slutet kärl.
Ensam och
ändå tillsammans.
Människa mot människa.
Kropp mot kropp.
Blickar ut genom fönstret
irrande långt bort
av skräck för
andra människors blickar.
Tillknäppta munnar
SKRATT FÖRBUD
Inte på några
villkor visa med en gest
vad man tänker eller känner
KONTAKT FÖRBUD
Alla infångade i
varandras närhet
trots allt långt borta.
Det är villkor
för att vara pendlare.

85.

Ni vuxna som sitter där och planerar
om våra barn och blommor diskuterar.
Ni vill att mänsklighetens blomsterbänk
skall vara utan spår av maskrosstänk.

Vet ni bördig jordmån gör en planta stark.
Det växer inga blommor på en frusen mark
-Gödsla då försiktigt och med kärlek blott
ty krig och hat gör ingen planta gott.

Inse då att varje människobörjan är unik,
för ingen är den andra riktigt lik.
Låt barn och blommor känna att
alla är välkomna i vår livsrabatt.

En dag av mitt liv
var jag vacker.
Du höll om mig
i dina ögon spegla
sig en kvinna..
En gång i livet
kände jag mig fin.
Din hands mjukhet
smekte min kropp.
Isen brast.
Din blick följde mig
vart jag än gick.
En dag i livet
kände jag mig
som en
kvinna.
En dag.....

Det sitter miljontals människor
runt livets smörgåsbord
En del tar för sig omättade
med stort behag.

Andra väljer och vrakar
förskjuter och njuter
och söker godbitarna.
Någon petar och ratar,
tar bara det som dom behagar.

Ingen orkar titta under bordet.
Där sitter rader, hungrit
väntade på döden.
Vi tuggar och sväljer
rapar förnöjda

Tänk om vi i dag fick
byta plats
runt livets middagsbord
med alla svältande barn
i världen.

Sakta smyger
skymningen
inpå min bara
hud....
Ensamheten
tar tag i mig
med sina
kalla händer.
Då längtar kroppen
outsagt efter vem
eller vad

Kanske kommer
det en morgondag
med tusen sysslor
småbarnsmor....

Glöm din längtan
och ta ett stadigt
grepp
om dina barns
knutna nävar.

89.

Jag drömde en underbar sommardröm
om en äng, där blomdoft blandas
med syrsors spel.
Jag sträckte mina armar mot ljuset.
Gräset nådde ända upp till knäna.
Kastar mina kläder
och snurrade naken runt.
Syrsors spel och nattens sus
blev till en ljuv musik.
Jag dansade först försiktigt trävande.
Mitt utslagna hår virvlade
som slöjor runt min nakna kropp

Jag dansade hela långa sommarnatten.
När morgonen nalkades låg jag
utsträckt i gräset
och dog.

90.

Vad döljer sig bakom horisonten
Klättrar långsamt ut mot universum
utforskande min livslånga ensamhet
och glupska hunger efter livet.

I går slutade jag tro på kärleken
förutom som ett utstuderat självändamål
men ej för sökande längtande själar.

Jag vill dansa, men...
hittar inte min musik.
Hjälp mig, snälla
spela mig luft
under vingarna
Då jag får musiken
saknas skorna.
Ser inte längre
horisonten.

Att vara tonårsförälder
är att balansera
på ett smalt bräde
över oändligt djupt vatten.
Passar mig noga för storm
då brädan börjar gunga
under mina fötter
Väljer noga minuterna
då foten kan flyttas
utan risk att tappa fotfästet.
Anar alla faror som hotar
och kan ödelägga våra liv.
Hoppas varje dag
att brädan håller
och att vi då ni är vuxna
kan se varandra i ögonen
och ni kan ta min hand.

92.

Telefonen ringer, hör en liten röst
Hjärtat stannar en stund i mitt bröst.
Mormor, jag skall sova men jag vill
tala med dig en liten stund till.

Jag älskar dig mormor, sov gott i natt
får hon fram min älskade skatt.
Det är nog den bästa gåva jag fått
genom alla ensamma karensdagar son gått

Att vara gammal och "sitta inne"
tär i längden på en gammal gummas sinne.
Att då en liten människa på nån minut
på tristess och ensamhet får slut

93.

Med sorg i mitt hjärta skall jag
berätta att jag saknde dig varenda dag.
Vi hade levt i sextio år tillsammans tätt
så att lämna dig för evigt var inte så lätt

Första tiden var en mardröm bara
Alla sade att det nog inte är någon fara.
Du man vänjer sig, fick jag av alla höra.
Man måste bara "kula" saker göra.

Nu efter åtta månader allena
känns mina lungor riktigt rena.
Så aldrig mera blir du och jag ett.
Farväl för alltid herr Cigarett

94.

Kan ej va lätt att ständigt vara bitterfitta
och alltid fel på andra människor hitta.
Att inte klara av att vara bästa mor
Hon skriker ut en ångest, väldigt stor

Det är alltid lätt att syndabockar finna
då man vårdnadstvisten ej kan vinna.
Då blir myndigheterna stora syndabockar
som med sin okunskap domstolarna skrockar.

Vi har säkert fått ett nätverk i vårt land
som sköter utredningar med säker hand.
De är odugliga och ofta helt besatta av
pedofilers dystra mörka krav

95.

Hur gick det till, hur kunde det gå
att ett plus ett är lika med två.
Att efter vinter alltid kommer vår.
För så lär väl ske även detta år.

Vem har bestämt att tårar skall trilla
om man sörjer eller har gjort sig illa.
Hur gick det till att läpparna ler,
då en människa sin älskade ser

Vem har bestämt att natten är svart
och spöklika ögon syns överallt.
Att barnet doftar som en nyponros
och hunden, men inte jag, har nos.

Hur gick det till att du blev just du
och att ett krossat hjärta kan gå itu.
Att i dag är i dag, och ej igår.
Mystik, vi på detta fundera får.

96.

Min längtan till landet är svår
så ser det ut varenda vår
då blommorna vaknar till liv
och insekterna tar sina första kliv

Torrtoaletten luktar lite skit
och saker ligger i o ordning hit och dit.
Man får börja städa och röja
och trivselfaktorerna åter höja.

Hoppas jag snart kan ta mig dit till slut
och städa i vrårna all möss bajs ut.
Om jag förstått saken rätt
har dom besökt stugan på nåt sätt.

Vill kratta och fixa mitt trädgårdsland.
Plantera blommor med säker hand
Vill sitta i solen och njuta av
fågelsång och saltstänk från hav.

97.

Den finska kärringen är jag.
Läste om det varenda dag.
Slickar myndigheterna där bak
eftersom jag göder deras sak.

Utan substans är mina ord.
Är nog den fulaste på våran jord.
En gammal häxa är jag lik
ögonen ser ut som på ett lik.

Jag ljuger som en subba gör
och allt är ruttet som jag utför.
Jag fifflar och narrar som besatt.
Ingen tror på mig ett enda skvatt.

Till alla er som kämpar på
för att slut på misshandel få.
Om det sen är psykisk eller slag
hoppas jag, att våldet tar slut nån dag.

98.

Till alla barn i världen som har ett hem och
hus,
som pyntar julegranen och tänder juleljus.
Till alla barn i världen som har en mor och
far,
som kryper ner i sängar och mätta magar har.
Till alla barn i världen som lever glatt och
gott,
som ej behöver ersätta de gåvor som de fått.

Till alla barn i världen som måste ta emot
föräldrars slag och vuxenvärldens råa hot.

Till alla barn i världen som tvingas att vara
vuxnas sexslavar och ut i prostitutionen fara.

Till alla barn i världen som tvingas skjuta på
andra småbarn i livet, som ut i krig fått gå.

Till alla barn i världen som tvingas tigga mat
och kämpa mot sin ångest, utav vuxnas hat.

Till alla barn i världen både fattiga och rika
önskar att ni kunde dela julefriden lika.

Till alla på vårt jordklot vi borde tänka på
att alla barn i världen en god jul kunde få.

99.

Välkommen till resebyrån......hallå
vart vill du resa, är ni en eller två?
Jag lyssnade, och hjärtat klappade hårt
Hur i friden kan detta vara så svårt.

En resa till världen ända, sa ja.
Hon harklade sig och svara Hur sa
Till världens ända, fattar du ej,
eller sitter du där och gör narr av mig .

1.   Ja visst är jag en häxa
2.   Så har Sverige
3.   Är det sant eller falskt
4.   Tanten börjar bli gammal
5.   Sommarsol
6.   Sommarkväll
7.   Om jag fick önska
8.   Nu faller skymningen
9.   Det kokar i mig
10.   När jag var liten
11.   Regnet öser ner
12.   Mina ben är bra
13.   Låt barn vara barn
14.   Kärleken är
15.   Jag är stark
16.   Jag såg henne i går
17.   Hur gick det till
18.   Ser siluetterna av dörren
19.   När hon blir 40
20.   Brunbrända kroppar
21.   Barn gör inte som vi säger
22.   Barn är som en sommarvind
23.   Din lilla hand i min
24.   Hennes bara fötter
25.   Du döljer dig

26.   Hon packade
27.   Han har inget språk
28.   Jag ringde skoldirektören
29.   Socialstyrelsen säger
30.   Du skall inte gråta
31.   Varför skall alltid jag
32.   Står på livets trappa
33.   Sten död
34.   Det är inte lätt
35.   Jag längtar långt bort
36.   Jag älskar dina ord
37.   När jag blir stor
38.   Hej hopp livet
39.   Under min säng
40.   Har du sett henne
41.   Jag är en fågel
42.   Det kanske är vackrast
43.   Vårsolen lyser
44.   Sargad låg jag
45.   Var min kärlek till dig
46.   Jag vet att jag borde vara
47.   Stilla vädjade hon
48.   Min själ är
49.   Mellan mig och evigheten
50.   Längtan sitter under huden

51. Daggvått gräs
52. En liten stor man
53. Ditt liv i mina händer
54. Månens ljus
55. Du sade min mor
56. Vad vore väl glädjen
57. Efter min första
58. Om du ser ett gråtande
59. Stora stund
60. Jag tror pappa
61. Vems barn
62. Hon skall gå till
63. Tar ansvar för
64. Öken
65. Vem är det
66. Vem är jag
67. Du gav mig
68. O jag fick bestämma
69. Tyvärr
70. Nu blir jag snart
71. Mina barn
72. Han kan inte välja
73. Du är som en öppen bok
74. Sakta faller bitterhetens
75. Livet det har blivit

76. Lilla barn
77. Den dag det slutar regna
78. Viskande bad hon
79. Vi fungerar som två ubåtar
80. Du tog tag i mig
81. En kappsäck i min hand
82. Frågar efter livets mening
83. Jag bjuder dig mitt hjärta
84. Att åka pendeltåg
85. Ni vuxna som sitter där
86. En dag av mitt liv
87. Det sitter miljontals
88. Sakta smyger
89. Jag drömde en underbar
90. Vad döljer sig bakom horisonten
91. Att vara tonårsförälder
92. Telefonen ringer
93. Med sorg i mitt hjärta
94. Kan ej vara lätt
95. Hur gick det till
96. Min längtan till landet
97. Den finska kärringen
98. Till alla barn i världen
99. Välkommen till resebyrån